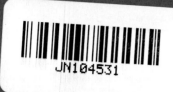

わが子が
小学校に上がる前に
読みたい
『木陰の物語』

著　団 士郎

ともに過ごすのは

ほんの一瞬

家族の時間をより豊かに

壱話

渦中の人に

その時々、今が大切、
その通りだと思う。
そして時は
刻々と
過ぎて行く。
子どもは
どんどん
大きくなる。
そこで思うのだが、
本当に今は今のことだけ
精一杯やっていれば良いのか？
それとも、
今が未来を
創っていくことを
考えておくのが
大切なのか？
手をはなさない！
家族の十年などあっという間だと
私は思っている。

過ぎた十年に
思い出以上のものはないが、
我が子の今から十年を考えることは、
どの親にもできる重要な仕事が
含まれていると思う。
本当のところを言えば、
人の未来など予測はつかない。
でも、だから
先のことを考えても仕方がないと
言えるのか？
なんだ～
ダメじゃん
十年後は必ず
十歳大きくなっている我が子に
今、親にできることは
ないと言えるのか？

子どもが親よりも
更に現在に
引きずられているのは
当然だ。
これ欲しい
あれになりたい!
目先の誘惑も
山ほどある。
MLB
その損得勘定を
考えているだけで、
子どもの十年後にとって
良い親たり得るか?
無論、
世の中の巡り合わせも
あって確かなことなど
簡単には言えない。
ケセラセラ
なるようになる
しかし人生は
多くの可能性と
確率でできている。

何もしない所に
転がり込んで来るのは
たなぼたの幸運だけ。

あんたパックマンだったの?

多くの場合、
何かを上手くやった人の日常は
それではない。

子どもに
何かをもたらした親も、
単に運が良かった
だけではない。

流行モノや、
景気の動向だけに
反応していては、

タレント
偏差値

子どもの長い人生の
コーチたりえない。

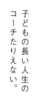

自分の現在を
肯定できる体験の
多い人は幸せだ。
しかし子どもが、
自分と同じように
次の時代を生きるのかどうかは
よく考えた方がいい。
大人は多くの選択と結果の
記憶を持っている。
想像力を
駆使してみればわかる。
結局、親は
子どもの生きる時代など
知らない古い世代なのだ。

それを噛みしめておかないと、
良かれと思って、
良くないことを
押しつけてしまう。

古い時代の
勲章や手土産を
いっぱい持たせて、
未来を生きさせようというのは
馬鹿げている。

自分の時代を
元気に、颯爽と
駆け抜けられるよう、
身軽にしておいてやる。

要らぬ
アドバイスなどしない。
自分には子どもの未来など
知りえないのだと戒めて、
たしかに…
私もそうだった
基礎になる
体力と知力だけを
鍛えておいてやる。
そういう親に
なっていたいと思いませんか？

目次

＊ここに描かれた家族の物語は、筆者が自身の体験をもとに毎月創作している「木陰の物語」を再編したものです。

弐話

好きになる力

そんなくだらないものを…
親はついそう思ってしまう。
しかし、
子どもは
集めるものである。
私の古い記憶でそれは
牛乳ビンの蓋だった。
ふたつや
従兄の家に遊びにいくと
いつもそれを乗員に見立てて、
積み木で作った軍艦に乗せ、
遠くから攻撃して生存者を競った。
牛乳ビンの蓋を
たくさん持っている従兄が、
羨ましくてしかたなかった。

我が家でも
三人の子どもが
育ってゆく間に、
いろいろなものが
集められ、
忘れられていった。
長男の筋肉マン消しゴムは、
商売ができるというほどあった。
ミニ四駆と呼ぶ
ミニレースカーを持って、
日曜の朝早くから
スーパーの催し場の
レーシングコースに通う
次男をそっと眺めに行った。
しかしいつのまにか、熱は冷めた。
高校卒業を機に
東京へ旅立った娘の部屋は
当時、TMRのポスターで
いっぱいだった。

T.M.
出てはるでー
家族は、
西川貴教君がＴＶに出ると、
娘を呼ぶか、
専用テープに
録画しておくのが
当然になった。
児童相談の仕事をしていて
一番困ったのは、
「なにか好きなものがある？」
と問いかけて、
「べつに…」と答える
中学生だった。
反抗的なのではない。
本当にないのである。
キキカジリー
無理やり流行り歌や
ＴＶ番組の話をしても、
「しらん！」
「見ない！」
と答える。
これが事実なのである。

そしてこれが、
いろんな問題の
核になっていったように思う。

「くだらないものを…」、
大人が子どもに
こんなことを言っていられるのは、
まだよかったかもしれない。

考えてみれば、
何かを好きになる能力は、
合理性をこえて肩入れする力だ。

客観的に考えれば
成功の可能性は小さい。
使命感や責任感だけでは
イカンともしがたい現実を
突破する力は情熱だ。

それをいったい
私たちは
どこで身につけるのであろう。

NHKのテレビ番組、
「プロジェクトX」が
私の友人の間で一時話題になった。

みんな感動する、
というのである。
この番組は
主に高度成長期、懸命な努力で
さまざまな難関を克服してきた
日本人の物語である。

そこで多く描かれるのは、
日本のお父さんたちが
家族も顧みず
仕事に立ち向かう姿と
それを支える妻子たちである。

一面、働き蜂、
高度成長期の犠牲者と
いえるのかもしれない。

しかし、なんと生き生きと
自分の仕事に
情熱を傾けていたのだろう。

「好きになる力」を
軽んじてはいけない。

その場その場の
損得勘定だけ
巧みになっても、
私たち自身の充足感は
大きくならないだろう。

マネーゲームの
勝者たちに、
真の充足感を
見つけることは
難しい。

儲けた後で
ゆっくり…
などと言われても、
信じられない。

誰かと
一緒に暮らすのも、
チームで
仕事に取り組むのも、
何かの手段や
目的ではない。

それが
生きている
ということではないのか？

仕事と遊びを
分けるのも、
公と私を分けるのも、
私は信用していない。
私が講師の近藤です！
辛い
生きることに
二種類の時間があったりはしない。
いつでも
自分が生きているのだ。
「プロジェクトX」の
主人公たちを見て
いつも思うのは、
仕事だから
それをしただけではない。
そこで生きたのだ。
これを支えているのが
「好きになる力」
ではないかと思う。
あなたや、
あなたの子どもたちは、
何かを「好きになる」のは
得意ですか？
得意、得意!!
ベンキョーもしろヨ!
あなたは
「好きになる力」を
しっかり育ててきましたか？
あなたが好きなことしてるだけでしょ!
オヨヨ

参話

勝敗

人生は
勝ち負けではない。
その通りだと思う。
でも、
結果がすべてだともいう。
誰に指摘されるまでもなく、
そのことは
自分が一番よく
分かっている。
ファウル
結果に対して、
心の中には
言い分があって、
でも、それも
負け惜しみのような気がして…
自分なりに
よくやったと思っているのに、

勝敗が邪魔をする。
（過去最高の４位）
メダル〜
こればかりは、
どうしようもないのだろうか。
それについて考えてみた。
結果を出しているのは
誰だろう！
確かなのは
ジャンルを問わず
それを続けている人。
やめてしまった人が
結果を出すことはない。

いろんなプロになりたいと
口にする子は多い。
そして多くが
受験や進学、
就職で止める。
才能の限界
などと説明するが、
納得できているように見えない。
結果を出す
仲間でいたいなら
止めないことだ。

「止めなければ
結果は付いてくるのか？」
と聞かれたら
そんなことは
わからない
そんな
分かっているのは
結果を出す
土俵にいることだけだ。
しかしそこに
居続ければ、
やがて分かってくることがある。
全員がフォワードや
四番打席の競技も
主役ばかりのドラマもない。

皆が同じポジションを
競っているのではないのだ。
それが納得いくと
第一位だけを
勝者だとは考えなくなる。
第二位も、
ディフェンダーも
脇役も裏方も
勝者なのだ。
もっと言えば、
続けているものは皆、
勝者だ。
それは
長く続けた者だけに届く境地。
だから続けられるものを
選ぶのが大事だ。

受験勉強や資格試験勉強は
続けるものでなく
さっさと済ませるものだ。

合格したらすぐ、
次の目標を探さねばならない。

では何が長く
続けられるのかと考えたら
好きなことに決まっている。

得をしそうなモノでも、
チョロイゼ
楽勝
勝てそうなモノでもない。
「好きこそ物の上手なれ」
と昔から言う。
好きだから続けられ、
上手にもなる。
結果が出るのは、
当然だ。
勝敗は結果ではなく
選択のところで既に
見えているのかもしれない。

四話

できるワナ

4 「できるワナ」

英語を覚えさせる
漢字を覚えさせる
マラソンさせる
乾布摩擦させる…等々
出来ることを増やす子育てが
悪いわけではない。
それが育てるものは
たくさんある。
しかし
出来ないことが育てるものも
あることを理解しておかないと、
できる、できないは
優劣問題に落ち着く。
出来る人が優秀で、
出来ない人は劣等。

出来ることを増やすのが
幸福な人生への近道。
人生ってネ…
これが人の中に
思いこみとして定着しやすい。
脚本家・山田太一氏の
ドラマに
東大受験すれば
合格間違いなしと言われる
秀才が出てくる。
その彼が
大学受験をしない他の道で
何か自分の為すべきことを
したいと言う。
周囲は、
せっかくの才能を
もったいない…と
こぞって受験をすすめる。

成績のかんばしくない
同世代も、

受けりゃ
いいじゃないか
行きたくても
行けない奴も
いるんだ

これが罠だと思うのだ。

自分が既に
持っているものを捨てて、
まだ見えない
他の選択肢を探すのは、
なかなか決断のいることだ。

何も持っていなければ、
そこでためらうことはない。

子どもの頃がやってきました
何がしたいかではなく、少し出来るということが選択動機を後押ししてしまう。
これは、よく考えておかなければいけない問題だ。
大人にも、資格を次々と取得している人がある。
あまり、充実した人生を過ごしているようには見えない。
人はそれぞれだから、他人がとやかく言う話ではないかもしれないが、
出来ることを増やしても、したいことが見つかるとは限らない。

漢字をたくさん
覚えたからといって
小説家になれるわけではない。
サラサラ
せいぜい漢字検定で
優秀な成績がとれるくらいだ。
何かにつけて
同じような所が
あるのかもしれないと分かったら、
物の見方は
少し違ってくるだろう。
それは、
与えられ過ぎた人に、
欲望が育たないのに
似ている。
体を鍛えることも、
どこか似ている。
ちょっと冷えてきたね
平気
平気
肌寒さや、
春の気配を感じる皮膚は、
ごしごし鍛えられた
それではない。

人は出来ることや、強さの塊になって過ごすことで幸せになるわけではない。

故障知らずの有能なロボットは「悲しい…」という感覚を持っていない。

実践だ
子どもを育てるのに、どんな道筋が正しいのか、まだ人は知らない。

どれが得かだけはずいぶん沢山ノウハウがあるようだ。

一概に悪いとは言えないが、得をさせることばかりの子育てに魅了され過ぎるのは危うい。

そんな風に
育てられた人が、
挫折に弱いことを
思い知らされる日が必ず来る。
何が得だったかなんて、
棺桶の蓋を閉めるまで
分からない。
それより人生の中で、
身も心も投げ出して
楽しめることや時期など
そう沢山はない。
何の役にも
立ちそうにないことを
夢中でしている子ども達。
そんな時期は
あっという間に過ぎる。
その大切な時間を、
損得勘定にまみれたもので、
塗りつぶすことはないではないか。

五話

付き添い

病院の待合室には、
患者もいるが
付き添いの人も
たくさんいる。
子どもに母親が
付き添っているのは
ありふれたことだと
思っていた。
ところが、
あちこちで
少しずつ
変化が起きて
きているようだ。

家族相談現場での実感だが
今、そこそこの両親なら
面接に呼ぶ苦労はほとんどない。

指示すれば
ほぼすべて、
両親でやってくる。

かつては、父親を面接に同席させることなど、至難の技だった。

「母子並行面接」なんて言葉が当たり前のように流布していた背景には、母親は子育て、父親は賃金労働という役割分担が強くあった。

それがこの二十年ほどの間に、最初から両親同伴の来談も少なくない状況になった。

一方、背中合わせに目につきだしたのが保健室の養護教諭からよく聞かされる、こんな現象だ。

中学生が校庭でケガをした。
大したことはないが、
すぐ母親に連絡しようとした。
すると
イタタタタ…
お母さんには知らせないで
どうして？
お母さんは動揺しやすいから…
いったいどういう気遣いなのだ
と困惑してしまった。

こんなことを
娘に言わせている母親は、
冷たいのか、
面倒くさがりなのか、
臆病なのか。
おそらく
このどれもが
あり得るのだろう。
電話連絡できたとしても、
そちらで対応しておいて下さる?
と返事する母親も
少なくないという。
一切顔を出さない。
自分の関わらないところで
やっておいてくれ。
よろしく〜
うまくいかなかった時だけ、
文句は言いに行く、
そういう人が増えている。
そういえば、
ある精神科医が
こんなことを言っていた。
うちのクリニックの初診に子どもが一人で来ることがある。お母さんが行っておいでと言ったというが、昔は考えられなかった…

「ついて行っても、
医者じゃないのだから、
何かできるわけじゃないでしょう」
確かにそうである。
診察を受け、
薬ももらってきたら、
看病してやるつもりはある。
そんな屁理屈を
聞かされることが
いくらでもあるという。
ところが一方で、
子どもに付き添って
毎日登校する母親もある。
不登校気味とか
病弱とか
母子が離れられないとか
理由は様々。

母子登校の存在は、
どの小学校でも
経験があることだという。

そして担任の関わりに
口を出す。

そんなこんなを含めて、
最近の親は…と
嘆いてしまう論調が
世間を占めている。

クレーマーだとか
モンスター・ペアレントだとか
ネーミングに飛びついて
メディアは囃す。

しかし当然のことながら
親全員がこうなのではない。

子どもの将来に
結果を実らせるために、
親に必要な知恵が
あることを知っていて、
実行している人もたくさんある。

格差社会が言われる中で、
親も上手と下手に
二極化してきている。
私の育て方が悪いんやね
過剰も不足も
下手のひとくくりだ。
こんなに頑張っているのに
私?
上手くやれないことが
親自身を弱くするし、
子どもとの絆を深くする機会も
失わせる。
病気やトラブルは
扱い方次第で、
不幸や不運なだけでは
なくなるのに…
と私は思っている。
ピンチがチャンス
ホントにそうなのかなあ〜

六話

聞けない

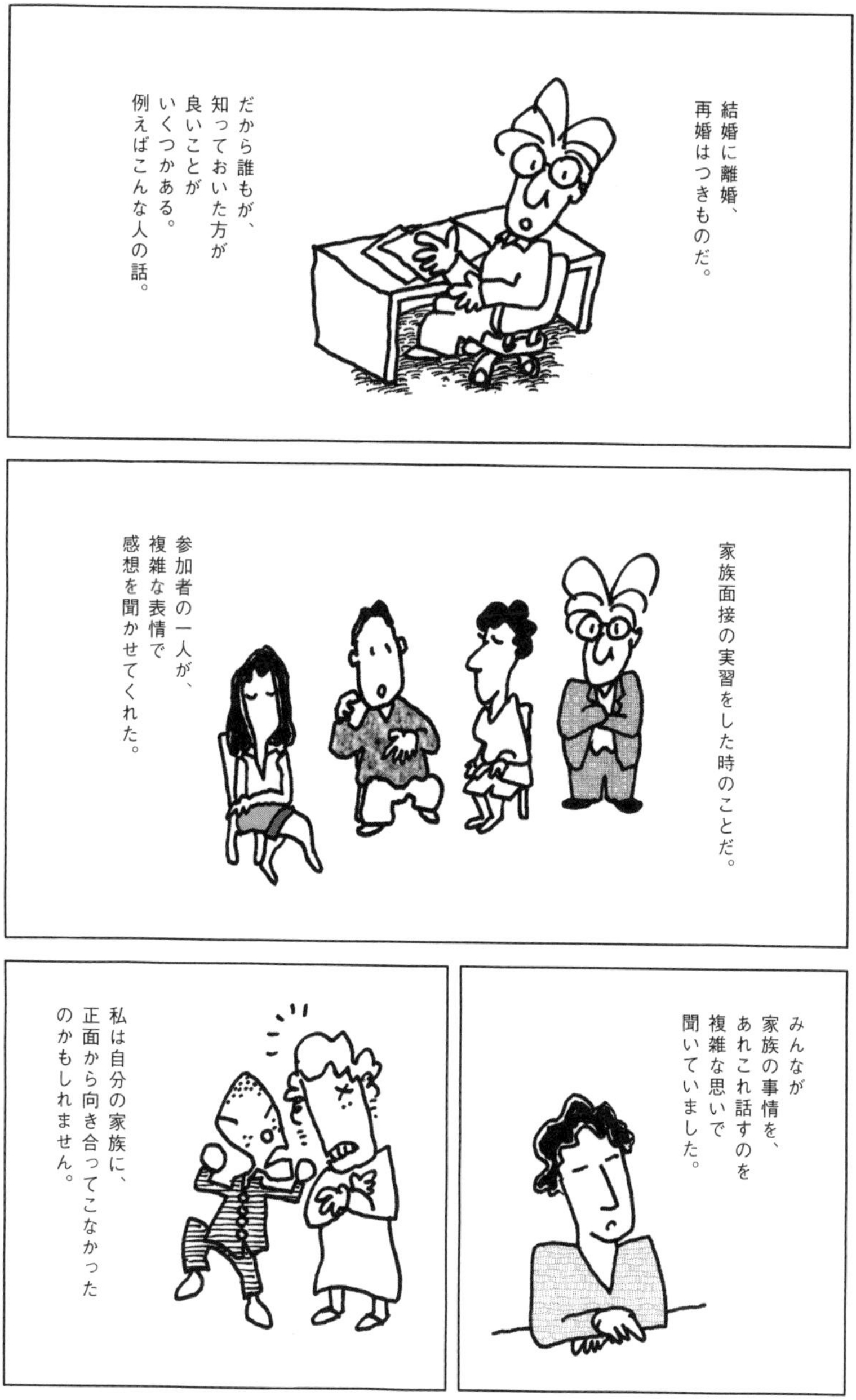
結婚に離婚、
再婚はつきものだ。
だから誰もが、
知っておいた方が
良いことが
いくつかある。
例えばこんな人の話。
家族面接の実習をした時のことだ。
参加者の一人が、
複雑な表情で
感想を聞かせてくれた。
みんなが
家族の事情を、
あれこれ話すのを
複雑な思いで
聞いていました。
私は自分の家族に、
正面から向き合ってこなかった
のかもしれません。

それは幼い頃からの感覚で、
何となく我が家は
ややこしそうだなぁと
思ってきたからです。
私の家族は、
祖父の代でも、
父の代でも、
途中で家族が大きく変化しました。
離婚による家族の分離です。
昔のことです
忘れた！
父の父、私の祖父は
離婚によって、
家族をバラバラに
してしまった人です。
その反抗から
父は大学時代に家を飛び出し、
学生結婚で
一女の父となりました。

しかし上手くはいかず離婚。
押しつけられた娘を引き取った
父は、実家に戻りました。
その後、再婚し、
そこに生まれたのが
私と弟です。
幼い頃の
おぼろげな
記憶には、
八歳年上の
姉が居ます。
その姉が、
私が四、五歳の頃、
ある日、
三輪トラックが来て、
荷物と共にどこかに
行ってしまいました。
なぜ、姉と別々に
暮らすのだろう
と思った記憶は
あるのですが、
両親が何も
言わないので、
私も聞きませんでした。
そしてそのまま、今に至ります。

この歳になると、おおよその
事情の見当はつきます。

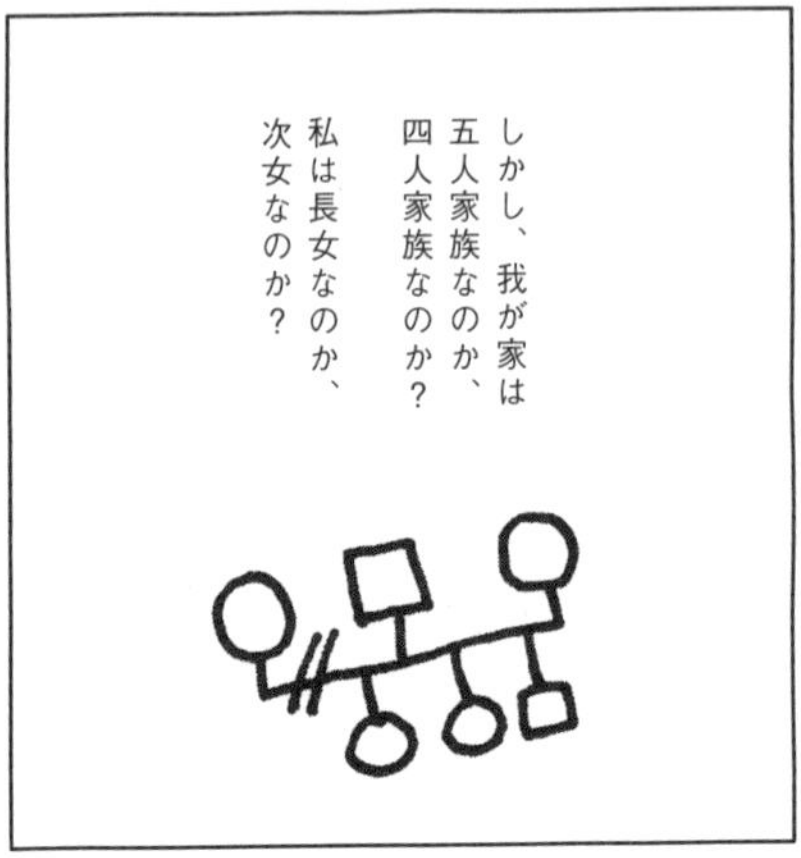
しかし、我が家は
五人家族なのか、
四人家族なのか？
私は長女なのか、
次女なのか？

母が他人に、
二人姉弟の姉ですと
私のことを
話しているのを
聞きながら、
「お姉ちゃんがいるのに…」
と思っていた
記憶もあります。

でも、ずっと
聞いてはいけない
ことだと
感じていました。

この違和感は、弟にも話したことはありません。
大人になって一人暮らしを始め、姉と再会し、今は普通に付き合っています。
でも、そのことを母には話していませんでした。
家族だからって秘密がゼロということはないと思います。
ただ、この事情の不確かさは
私の性格形成に、影響してきた気がしてなりません。

私は長女ではないのに、長女の役割を求められている気がずっとしていました。
買ってきて
次女だったら、妹だったら、もっと気軽に甘えられたように思えてなりません。
仕事人間の父は働き通しで、十年前に他界しました。
今では、残された母に私が甘えられる立場になっています。
それで良いと思っています。

でも私は家族について、
何か思い出そうとすると
いつも戸惑ってしまいます。

自分はいったい何を知っていて、
何を知らないのか。

聞いておくべき
ことがあるのか、
聞かない方が良いのか。

それがいつも、
引っかかってくるのです。

向田邦子の
ドラマのような話だなぁ
と思って私は聞いていた。

七話

循環バス

友人二人が
バスに乗っていた
時のことだ。
すぐ前の先頭座席に
座った子どもが泣いていた。
3年生くらいかと思った。
?
何かあったのかな?
子どもの世界にも
いろいろあるから…
と思っていた。
降車口
近くなので、
降りる客は一様に、
この子の様子に
目をやり、
黙って
下車していった。
渋滞し始めた道中、
気になりながら様子を見ていた。
しかし、
いつまで経っても、
いっこうに
泣きやみそうになかった。

気になったので、「どうしたの？」とそっと声をかけてみた。
しゃくり上げるように、更に泣き出した。
すぐに聞き出すのも難しいと思ったので黙った。
その後も、子どもは泣き続けていた。
しばらく様子を見ていたが、やはり気になったので
隣に移って、「何か困っているのなら言ってごらん」と話しかけた。

しゃくり上げる声は
止まらないが、
その間に語った
事情はこうだった。

塾の帰りらしい。

いつも乗る
循環バスだったのだが、
間違って
逆回りに乗ってしまった。

お母さんが
バス停に
迎えに来ている。

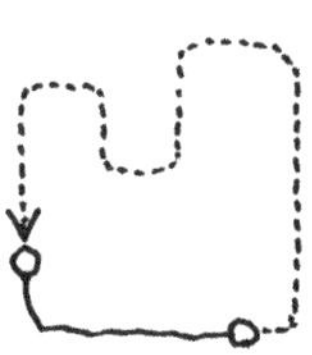

なのに、このバスだと
1時間以上も
遅くなってしまう。

待っているお母さんは、絶対に心配する。
なんで？
そう言って泣くのだった。
ケータイは持っていないんだね。じゃあ、これを使ってすぐお母さんに連絡しなさい
といって差し出した。
電話がつながり、母親と話せて一件は落着した。
子どものしゃくり声もおさまってきた。
しかしここからのことが彼女らしいと思うのだ。

「君は何年生?」

「5年」

「5年生ならもう、小さい子じゃないんだから、泣いていても問題は解決しないのはわかるよね」

「バスにはたくさん大人が乗ってるでしょう」

「大人はたいていケータイ電話を持っているよね」

「こんな事情です、
連絡をしたいので
貸してください
とお願いすれば、
たいていの人は
貸してくれるでしょう。

君ももう
大きくなっているのだから、
困った時に
泣くのは止めなさい」

「そして、
これからは
どうしたらいいだろうかと
自分の頭で
考える癖をつけなさい」

そう諭している
彼女を見ながら友人は、
子どもを育てるとは
こういう事なのだと思った。
そして自分は、
我が子を、
このように育てて
きただろうかと、
反省しきり
だったと言った。

八話

自立心

娘が小学二年生のときの
「あのね帳」。
バレエ
きのう、わたしは、下田
バレエ教室に見にいき
ました。
まつがえ丁からバスにの
って木下橋というところでお
りて、ほどうを
来週からバレエを
習い始めると書いてある。
遅いスタートだが、
本人がやりたいと
言うから認めた。
母親がさせたくて、
やらせるのではない。
妻は
自分で通うことを条件にした。
自分で行くのよ!

子どもの習い事に、まるまる親がかりは良いとは思えない。
12月1日(土)
バレエノオトモダチ
キョウ、ワタシハ、
ガッコウカラ、イエニ
ゴハンヲタベテカラ
ニ
だから日記には、お稽古見学した中味より、往復のバスの乗り方が詳しく書かれていた。
自宅最寄りのバス停には二系列の路線バスが通る。
教室に通う為には国道経由はだめで湖岸経由に乗る。

番号で書いといてほしいわ…
番号別表示されていれば有り難いのに…
湖
国
習っていない漢字表示
妻はサンズイヘンの漢字の方に乗る、国の方は駄目…
さんずいへん！
国道経由××駅
ダメ
わかったって
何台もバスを見送りながら練習させたという。

大半の子達は、親の車の送迎付き。
のって いきなさい
時には、他児の保護者に送って貰うこともあった。
しかし、他家の子を乗せて事故でも起こしたらという不安もあるだろうから
そやなぁ…
いつも誰かにお願いすることはしなかった。
バレエが合っていたのだろう、やめることなく高校卒業を迎えた。
そこで兄達のように大学進学ではなく、専門学校でミュージカルを学びたいと言った。

ちょっと驚いたが
「本気なら
ブロードウエイ、
最低でも東京やろ」
と私は言った。
エッ!
結果、
兄二人は自宅通学だったのに、
娘は東京での一人暮らしを
選ぶことになった。
専門学校、
卒業前の秋、
二十歳で劇団の
オーディションに合格し、
二十一歳で初舞台を
踏んだ。

それから十年余り
激しいダンスの
過労もあって、
アスリートの常である
怪我に遭遇する。
治療やリハビリの
詳しい経過は知らない。
プラクティック
鍼灸
三十二歳を過ぎて、
新たな決断をする。
舞台で目覚めた
演劇（ストレートプレイ）を
学び直したい。
その選択が
ニューヨークの
HBスタジオ。
名優アル・パチーノの
出身校らしい。
HB
Scent of a

高校卒業以来
英語に接する
機会のなかった娘は、
短期留学の英会話キャンプなどに
参加して学んだ。

HB
STUDIO
そして今、マンハッタンで
ルームシェア暮らししながら、
演劇学校生をしている。

この原点に、
二十五年前
バス停で
サンズイヘンを
教えていた
妻がいると思う。
湖岸

自立心は
そのうち勝手に
備わる
ものではなく、
育て上げるものだ。

愛玩しているだけでは
育たない。
やさしい子なんです…

九話

小雨の行列

話題の小説を読んでいた。
幼子の死。
その結果に
母親が
責められていた。
亡くなった事実は、
そこに至る経過が
適切でなかったことを
証明する。
判断が甘かった。
真っ先にすることがあっただろう。
ここまで育ててきた子を
亡くした母親の
悲しみなど眼中になく、
自分達のショックを
ぶつけるばかりの
親族が描かれていた。
だからというので、
不安になった母親が
一寸したことで
救急車を呼んでしまうと
本当の救急患者を妨げていると
批判されたりする。
いったい
どんな手順なら正しいのか？
念のためにという選択は
批判されるものなのか。

しばらく様子をみようと
思っていたら
起きてしまった不運は
無責任なのか。
こういうことは
時々起きると思った。
そして、
夕暮れの
行列のことを
思い出した。
週に一度通っている
研修センターへの
道中のことだ。
駅舎を出るまで
気付かなかったが、
雨が降り出していた。
いつものように
タクシー乗り場に行くと、
珍しく長い行列だった。

9「小雨の行列」

急に肌寒くなっていて、
薄暗くなった
夕暮れの雨には
気が滅入った。

早めに着きたいのに、
タクシーは
一台もなかった。
TAXI

しばらくして
やっと来た車に
一人が乗った。

あとはまた待つだけ。
そんな私の後ろに、
毛布で乳児をくるんだ
若い母親が立った。
赤ん坊は
高熱があるようで、
毛布を懸命に巻き付けていた。
タクシーは
なかなか来なかった。

「お先に…」
と言いかけて、
私一人が譲っても
たいした意味は
ないと気付いた。

そして
行儀よく並んでいる姿に
少しいらっとした。

新発売のゲームソフト購入や
評判のラーメン屋で
行列を作るのは自由だ。
しかし、それとこれを
『行列、順番』で
一括りにしてはいかんぞ！
と思った。

熱が高いの？
と声をかけると
心配そうに頷いた。
寒くなってきているし
こんな所でグズグズ
していたら、大変な
ことになるよ
並んでる人に、
次のタクシーを
譲って下さいって
云いなさいヨ。
お母さんなんだから
「突然、なぜそんなことを
言われなければならないの」
とでも言いそうな
不安げな顔で私を見るので、
あなたがそう
叫べばみんな
譲ってくれる
から…
と再度促した。
決心した母親は
列の前に進んで、
大きな声でお願いをした。

TAXI
ちょうど
やってきた車に
先頭の男性が
「乗りなさい！」
と促した。
TAXI
走り出す車中から、
首をひねって
何度も会釈する母親を、
列のみんなが頷いて
見送った。
なかなか来ない
タクシー乗り場がしばし、
「ああいうことが、私も昔あった…」
なんて話で和んだ。

拾話

魚の捕り方

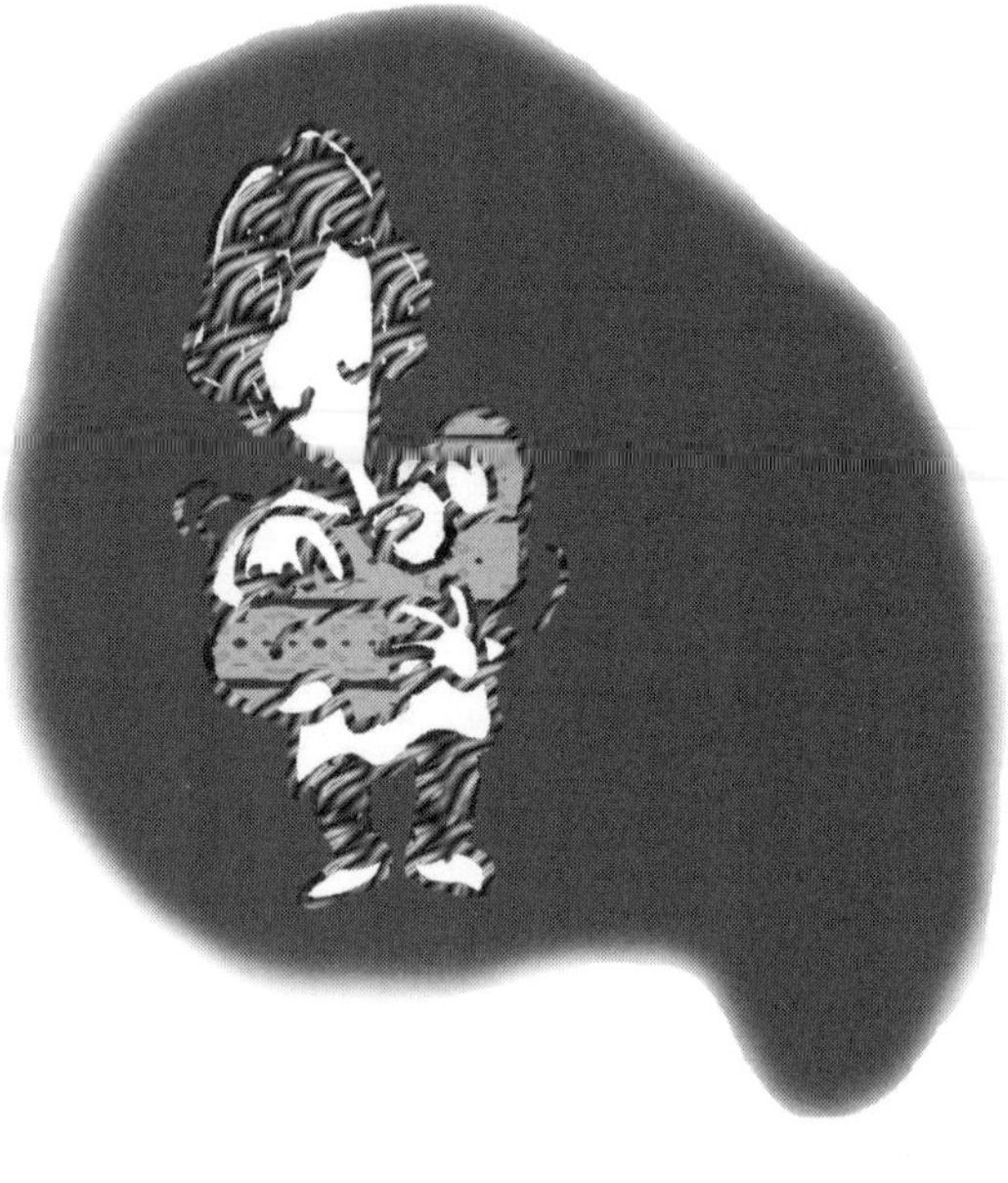

いつもと少し違う描き方をする。
COPY/FAX
連載当時、
前の話
『小雨の行列』に対して、
こんな疑問を投げかけた
FAXが届いた。
福岡に住む
佐藤さんという
男性からだった。
行儀よく並んでいる中に、
団さんもいるのだから
「申し訳ないなぁ」
という気持ちに
なるのではないだろうか？
高熱の子を抱えた
お母さんに言わせるのではなく、
気がついた
団さんが譲ってくれるよう、
みんなに言うべきではないか。
「木陰の物語」では
全般に、
あまり結論めいたことを
描いていない。
それで終わりですか…
という締め方も少なくない。
描きすぎていないのがいい
という意見もある。

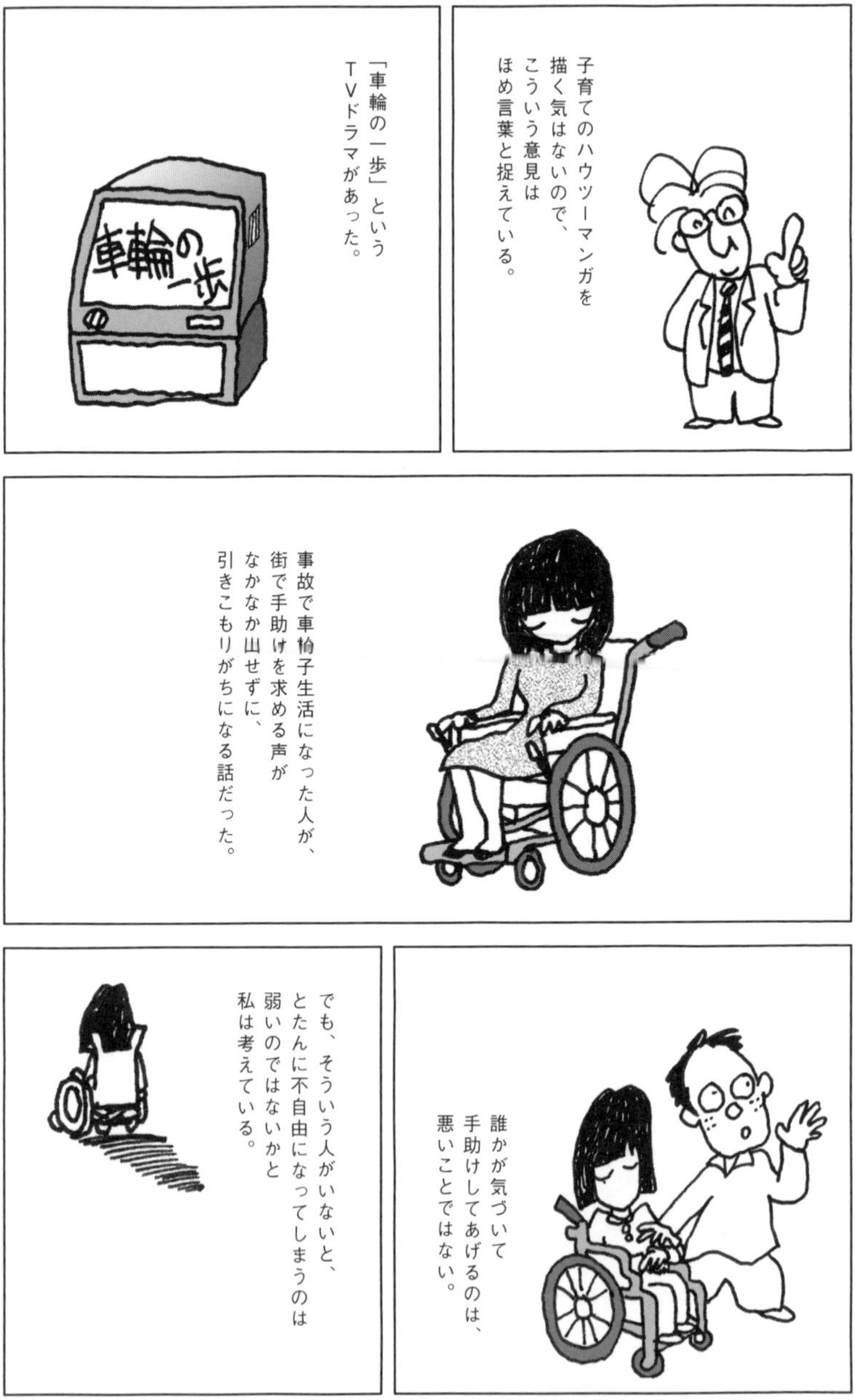
子育てのハウツーマンガを
描く気はないので、
こういう意見は
ほめ言葉と捉えている。
「車輪の一歩」という
TVドラマがあった。
車輪の一歩
事故で車椅子生活になった人が、
街で手助けを求める声が
なかなか出せずに、
引きこもりがちになる話だった。
誰かが気づいて
手助けしてあげるのは、
悪いことではない。
でも、そういう人がいないと、
とたんに不自由になってしまうのは
弱いのではないかと
私は考えている。

『小雨の行列』で
描いたお母さんは、
初めてのことに
狼狽していたのだと思う。

もちろん、
気がついた人が
助けてあげればいいじゃないか、
というのも分からないことではない。

でも、彼女が
お母さんになったというのは、
新たな役割を生きることなのだ。。

それまでの自分なら、
やりなれた方法で
周りの心遣いや、
善意に支えられていてもいい。

でも、これからは
それだけではやっていけない。

誰も気づいてくれない状況でも、
彼女は自分の子を
守っていかなければならない。

夫に手伝わせればいい、
なんてありきたりなことを、
ここで言わないでほしい。

これは母親になった彼女の
世間の風デビューだったのだ。

あれで彼女はきっと、
緊急事態に黙って
助けてくれる人が現れるのを
待っているだけの
女性ではなくなれるはずだ。

「母は強し」と言ったのは、
そういうことだろう。

ものに恵まれ、
機会にも恵まれて
育てられてきた人たちは、
優しいいい人たちに
なっていると思う。

でも、その分ちょっと弱い。
傷つくことが上手すぎて、
打開策に向かう力が弱い。

代わりにしてあげるのではなく、
自分でできるように
応援してあげるのが、
本当の親切だと思う。

途上国の開発援助に
こういう言葉があるのを聞いて、
あらためて確信したことだ。
――魚をくれた人のことは、
食べれば忘れるが、
魚の捕り方を
教えてくれた人のことは
忘れない
誰かのせいで
うまくいったり、
うまくいかなかったりする
他者依存の人生は
弱いだろう。
自分で取り組んで、
その結果を手にする、
そういうお母さんに
なったらいいなと
願う気持ちの表れが、
私の場合、
ああいう方法だ。

愛読者カードも一通届いた。

そこには短く
「小雨の行列、
とてもよかったです」
とあった。

こちらは存知上げている方だったが、
この方も佐藤さんという。

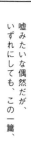

こんなの来てるよ

嘘みたいな偶然だが、
いずれにしても、この一篇、

どっちが甘いかな?
さとう
さとう

作者が考えているより
力があるのかもしれないと思った。

拾壱話

眼差しと一言

「この頃ため息が減ったね」と妻に言われました。そう話す人がいる。
夫のため息の多さに気づき、誰かに相談してみることを勧めた妻。
しばらくして、ため息がなくなったわけではないだろうが、
「この頃、少なくなった」と気づきを口にしてくれる妻。
いい奥さんだなと思ったからそう返した。
すると、嬉しそうに笑った。

そういうことにちゃんと
気がついてくれる人と
暮らしているのはいい。
誰にも
気づかれず、
一人で
苦しいのが
一番つらい。
苦労が何もない
人生なんて
想定できない。
だから
自分が辛い思いをしている時、
気づいていて欲しい。
自分のことは自分でする、
そんなことはわかっている。

「最近、ちょっと元気そうね」
でも
「大変そうだね」
「ため息が減ったね」
そう言ってもらえると、
少し安心が生まれる。
苦しみが嫌なのではない。
孤独に苦しまなければ
ならないのが辛いのだ。

「一人ではないよ」と言うけれど、自分でやらなければならないことは多い。
だから、「見てますよ」と一言もらえると支えられる気がするのだ。
そこでは、結果が評価されているのではなく
努力がねぎらわれている気がする。

いかんともしがたい
現実はある。
勝算はなくとも、
やらなければ
ますますの泥沼。
他人のせいにしても、
事態が動くわけではない。
覚悟を決めて、
踏み出すしかない。
敗戦処理は承知で、
責任を果たそう
という人も
少なくない。

そしてそれを
見てくれる
人はいるし、
分かってくれる人もある。
誰もが、
誰かの眼差しに
支えられながら
今日も
頑張っている。
だから、
もし誰かのことで、
気づくことがあったら

11「眼差しと一言」

口に出して、
言ってあげるといい。
単純なことだが、
それで支えられる人も多い。
心ない一言で
傷つくことが
あるように
その一言で
もう一日
頑張れる
こともある。

拾弐話

覚悟

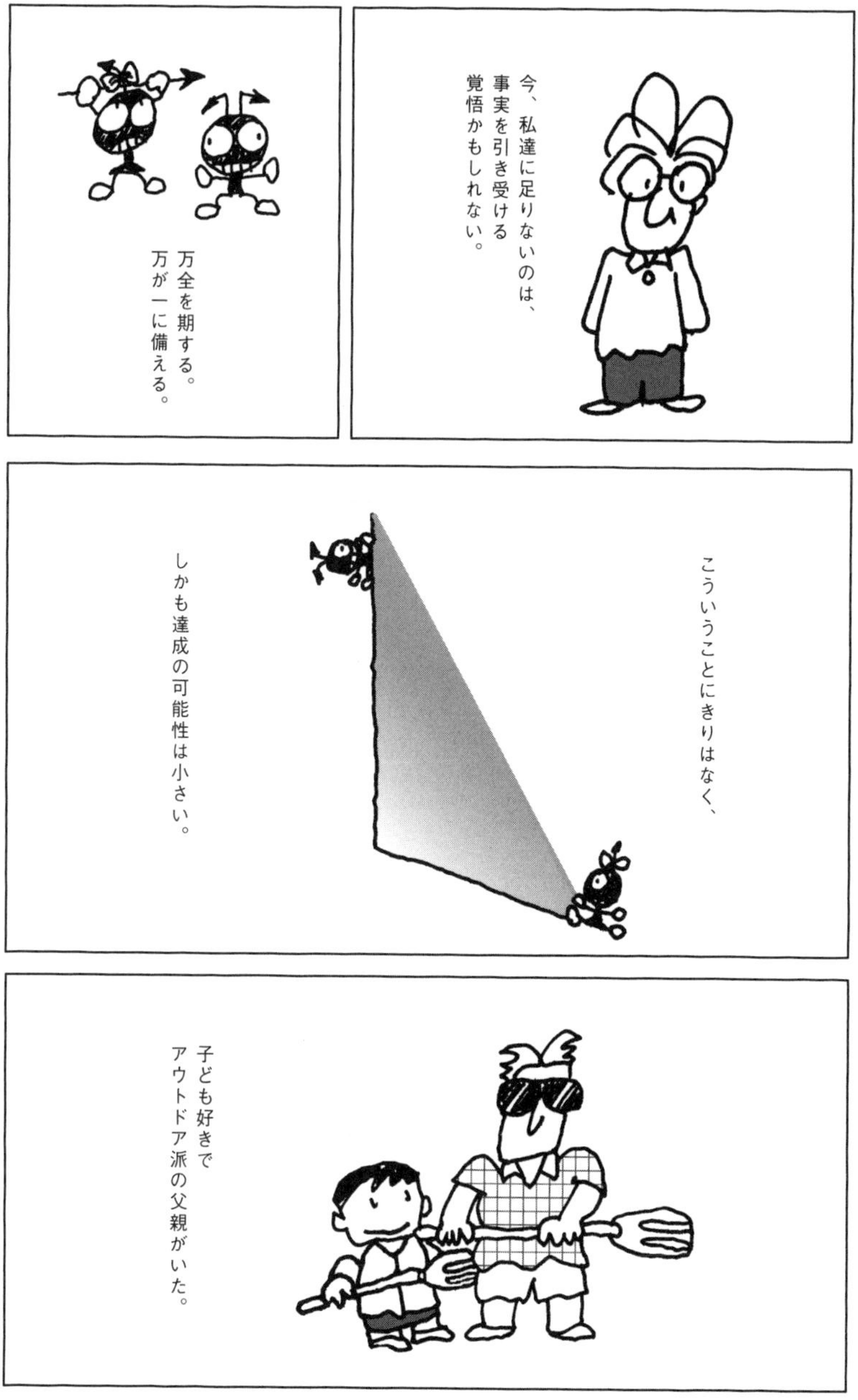
今、私達に足りないのは、
事実を引き受ける
覚悟かもしれない。
万全を期する。
万が一に備える。
こういうことにきりはなく、
しかも達成の可能性は小さい。
子ども好きで
アウトドア派の父親がいた。

夏休みの一日、
川遊びに行く予定に
息子が近所の子達を誘った。
みんな大喜びだった。
行きたい
いくいく

休みにくい自営業の親などは、
本当に感謝していた。
おねがいします

しかし、
予想外の事故が起きてしまった。

不運な結果があるのだから、
注意不足がなかったとは言えない。
亡くなった子の親が
裁判を起こした。
事故は引率者が、
監督責任を怠ったから
ということらしい。
そこで
私達の社会が学んだのは、
責任を問われるような
誘いはしないのが
賢明ということだった。
なにかあったらねぇ
これは正しい結論だろうか？

例えば大災害、
紛争などの場合、
細かいことは言っていられない。

親はギリギリのところで
できる最大限の努力をし、
力及ばないことも
あることを引き受ける。

簡単に傷ついたり、
打ちひしがれたりしないで、

残された者で生き抜く心を
鍛えておく。

これがどう心がけても
万全には生きられない世界に
立ち向かう覚悟だ。

安全度の高い
世の中になって
私達はダメージを
受け易くなっている。

コロナ禍は私に
久々に世界史の授業を
思い出させてくれた。
ペスト
疫病の大きな被害に
見舞われた時代。

あの時代を生きのび、
次世代に繋げたのは
私達と同じ市民だ。
けっして専門家や
英雄だけではなかった。
そんな中から
次の時代は生まれた。
臆病に
なりすぎてはいけない。
いつも限られた選択肢の中で
生きるのが私達である。

失敗したら…
それを理解していないと
失敗しないことが目標になり、
失敗は回復不能な不幸になる。
だが、本当はそんなことはない。
何度だってやり直しはきく。
命のように
限りのある
危ういものに
乗り込んで、
何十年も
生き続けるのだ。
あやふやでないものが
あるわけがない。
覚悟を決めていれば、
大丈夫だ。

拾参話

扉

父が帰宅すると
息子は自室に
籠ってしまう。
話そうとしても
応じないという。
週末以外、
父は単身赴任先にいる。
その間、
母と弟の
三人暮らし。
「こういうことは
無理強いしても駄目でしょう」
「自分の部屋のドアを内側で
ロックしてしまうので…」
「無理に話せなんて
言っていませんよ。
でも、彼とは顔も会わさない
のですよね」

「そのドアの仕様はご両親でお決めになったのですか？」

はあ？

「間取りや構造はお二人が選ばれたのかと聞いているのですが？」

「いやいや、分譲マンションですから、最初から、作り付けです」

「じゃあ、間取りもドアも、業者任せですか？」

「なら、こだわりのドアでも、
間取りでもないんですね」
はい
「だったら、もっと
今の家族に合った
リフォームをなさったら
どうなんですか？」
「ご自分の
お家なんだから、
使いやすいように、
自分達で決められたら
いいんじゃないでしょうか？」

「そんな考え方があるのですか？」
怪訝な面持ちで
両親は帰宅した。
ありがとうございましたー
――　月後
次の両親面接で、
父親から思いがけない
ことを聞いた。
「実は、あの後直ぐ、
息子達の部屋のドアを
捨てました」
はあ？

13 「扉」

「いや、子ども達の部屋がドアで
締め切られている理由が
ないことに気づきまして」
「それで兄弟の部屋の扉を
外しまして」
はあ….
「長男と捨てに行きました。
置き場所もないし、
勝手に取り付けられても
面倒なので」

「また思い切ったことを」
「それで、後はどうされたのですか？」
「暖簾を掛けてやりました」
確かに、子どもに、
幼い頃から密室など
要らない。

いずれ本人が
希望する日は
来るだろう。

それはその時に
親子で話し合えば
いいことである。

幼児期からの
プライバシーなど
無意味な密室化、
親の監督責任放棄である。

拾四話

その、チカラ

担当者の努力で、
何とか精一杯の結果を
手に入れていたケースだった。
担当者の疑問は
「なぜこの家族が今
何とかなるところまで
たどり着けたのだろう」
というものだった。
「どうして
こんな酷いことに
なってしまったのか」
ではない。
この問いに
可能性を感じていた。
ムリムリ
なぜ駄目だったのか
の議論はしやすい。
関係者は
当事者を責め、
当事者は
後悔や
他罰に向かう。
ムダやね
あの人さえ
居なかったら…

そしてこれが
回復や改善に
結びつくことは少ない。
バラバラになってしまう家族を
沢山見聞きしてきた。
離婚、再婚の増加。
関係者は
ドンドン増えながら、
繋がりは
薄くなっている。
夫婦が
男女問題だけのように語られる。
ジェノグラム見せられた。
33
23
4
1
十歳違いの
男と結婚して、
三年余りで離婚。
二人の子をもうけていた。

相談の世界で多く見かけるのは、
十代で妊娠、結婚をした女性が、
その後離婚、そして再婚。
File 1
File 2
新しいパートナーとの間に、
子をもうけ、再び離婚。
その後、
再婚した三人目の夫が、
妻の連れ子を虐待…
こんなストーリーは
山のように聞いた。
ところがこの母親は、
次々に相手を求めたりしていない。
姉弟は同じ母と父の子だった。

しかし我々もこれが未来に、
どんな意味を持つかなど、
あまり考えたことはなかった。
姉弟はその後、それぞれが、
いろいろと問題を起こしながら
生きることになった。
関係者は子ども達を案じ
養育放棄状態だと言った。
それにもかかわらず
一貫していたのは、
母親が子ども達を
見切らなかったことだ。

母は困った人である。
タバコ
やめるヨ
病気でもあるし、
人格上の問題を
抱えた人でもあるようだ。
しかし自分流ではあったが、
一度も家族を
手放そうとはしなかった。
出来るかどうかではない。
自分がどうしたいか
を中心に主張した。
関係者は皆、
「出来もしないのに、
親権ばかり主張する
困った母親だ」
と語った。

しかしこれこそ家族を知らない人の、言うことだったのかもしれない。
人はどんな風に「自分たちは家族だ！」と思って育つのだろう。
成長と共に時期をずらせながら、この姉弟が家族のために貢献するのを関係者は驚きを持って見続けることになる。
家族は有能だから居ることが認められているものではない。

上手な人が優遇される
スポーツチームでも、
役立たない者を解雇する
企業のようなものでもない。

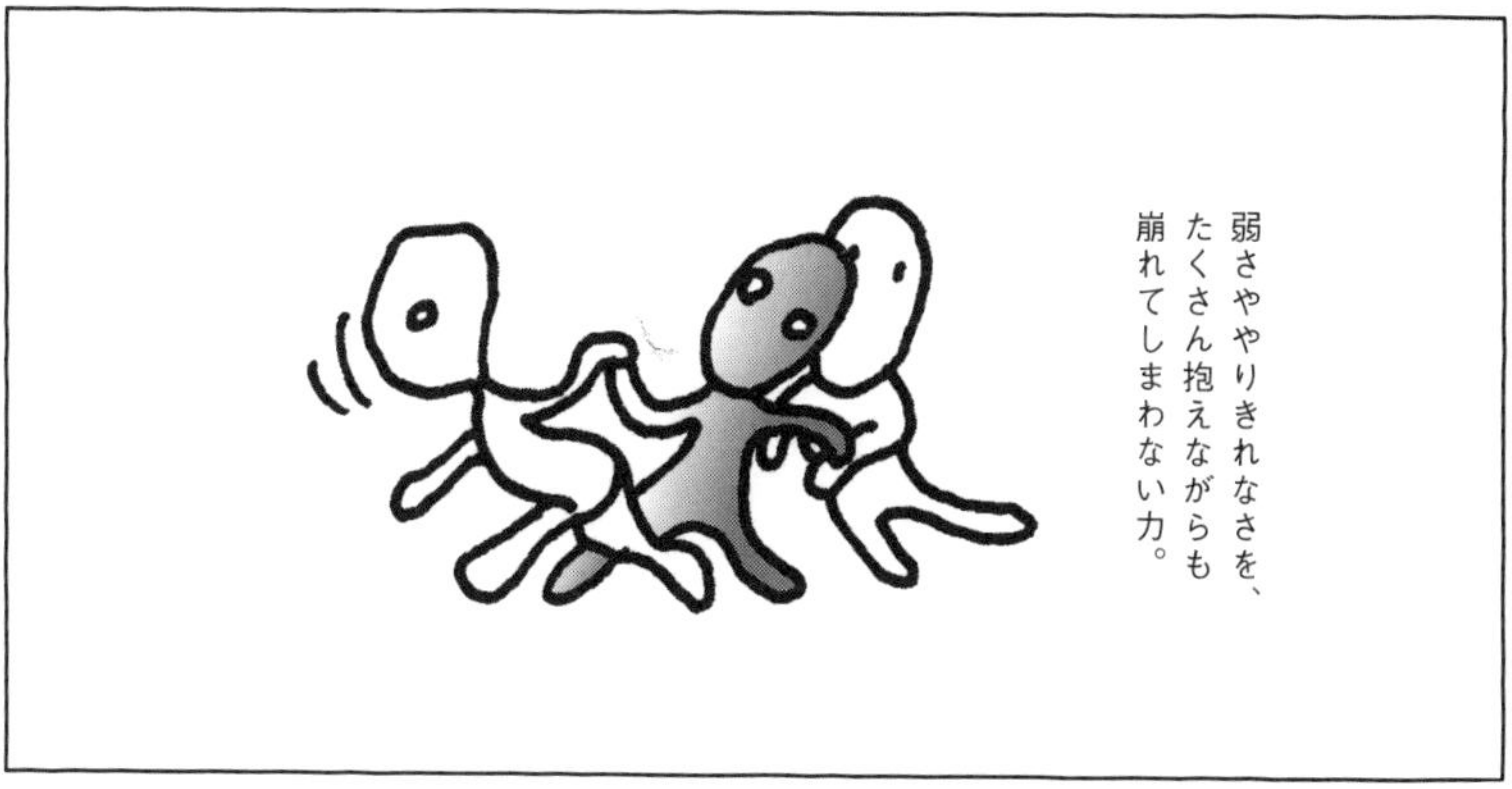
弱さややりきれなさを、
たくさん抱えながらも
崩れてしまわない力。

こういう力を
信じられるかどうかに、
援助の分かれ道が
あるように思う。

拾五話

夫婦じゃなく両親で

自分たちの責任だと、
二人が競うように語っている。
中学生女子の
急速な非行化。
学校関係者も皆、
首をかしげていた。
あんな子じゃなかった…
面接には本人の
同行を求めていたが、
案の定、
連れて来ることは出来なかった。
そして両親が
面接室に
並んでいた。
話し始めると直ぐ、
「私達の問題だ…」
が始まった。

近々、
自分たちは離婚
ということになると思う。
娘はそのことで不安定になって
いるのだと思う。
弟の方が
ショックを受けていると
思っていたが、
姉は私達に見せないところで
傷ついているのだろう…
と語る。
いろいろ
云うんやネ!
まるで自分達は、
問題の答えは分かっている
とでも言いたげだ。
こういう解説を
打ち明け話のように
されても困る。

解明はするが、
事態を動かすつもりは
共になさそうに見えた。
こういう人、いるよネ。
そこで
「離婚のお話は、
ここで扱うことではありません」
「それはご夫婦の問題です」
「私は今、
娘さんのご両親に
お願いがあります」
ご両親？
お願い？

「彼女は週末
深夜になると、
家を飛び出して
朝まで帰らないと
学校から聞きましたが、
そうですか？」
はい
「それなら今度の週末、
また彼女が家を出たら、
ご両親で探してください」
いないわ！
「見つかるか
どうかはわかりません」
「でも、
一晩中探してあげてください」

「もし、見つかったら、
一緒に帰ろうと言ってください」
「『うん』とは
言わないでしょうが、

『気をつけてかえっておいで』
と言い残してください」

「そして、彼女が朝、
帰宅して眠る寝床を
綺麗にしておいてあげてください」

「枕元に
ジュースでも牛乳でも、
好きなものを置いといて
あげるのもいいですね」
これ紙パック?

「そして、自分たちは
休んでください」
「そうしたら少しだけ、
お二人の自責の念が
軽くなりませんか？」
それを繰り返す約束の一ヶ月後、
再び両親と会った。
何が起きたのか、
本当のところは
分からない。
ほぉ～

両親も娘の帰宅を細かくチェックしていたわけではない。

「夜遊びには出るのですが、その日の内には帰っているようで…」

離婚話はすっかり棚上げになった様子の両親が
「最近、コーラの方が良い！と言ってますわ」と笑った。

私. ミルク派にみえる?
派?

拾六話

駅

忘れかけていた記憶がよみがえった。
複雑な事情を抱えた中学生を一時保護していた。
児童相談所に勤務していた頃のことだ。
児童相談センター
二週間ほどして、およその調整がついて、自宅に帰すことになった。
非行傾向もあるK介、中学二年男子。
家族関係に問題ありとされ、なかなか家に居着かない。

担当の児童福祉司はK介と同じ鉄道沿線に住んでいた。
夕刻、帰宅の道すがら送っていくことになった。
翌日、職場に行くと問題がおきていた。
K介が自宅に戻っていないという。
事情を聞くと、担当は昨夕、最寄り駅で彼を降ろしたという。

えっ??
誰もが当然、
自宅まで送り届けたと考えていた。
「もう大人だし…」
「自宅に戻しても、
出る子は出るから…」
とかの言い訳に腹が立った。
アチャー
リアリズムで言えば
そうかもしれない。
個人的事情を言い訳に
しているのにも腹が立った。
昨日は地域の……

先輩だから
口には出さなかったが、
「それがあんただ！」
と思っていた。
これを思い出したのは、
こんな話を聞いたからだ。
高校三年の時のことです。
卒業旅行から戻って、
自宅の最寄り駅に着いたのは、
真冬の早朝でした。
まだ真っ暗で、
車一台
通っていません。

自宅まで歩くと
三十分ほどかかります。
心細くて
母親にメールしました。
起きているとは
思いませんでしたが、
もし何かあった時、
最寄り駅まで
戻っていたことは
伝わると思ったのです。
五分もしないうちに、
電話がかかってきました。
「今から迎えに行くから、
駅で待っていなさい」
と言われました。

母は車に乗らないので、徒歩なのです。

徒歩？

そして真冬の早朝、三十分間、電話で話しながら迎えに来てくれました。

「なんで？」と尋ねると
「その瞬間がどれだけ面倒くさかったり、しんどかったりしても、それが原因で一生後悔するようなことはしたくない」と言いました。

こんな風に言える？

私は、母はこういう人なのだ。こうして私を育ててくれたのだと思いました。

私が母を信頼していると、
自信を持って
友達に語れるのは
この出来事からです。
この話で古い記憶が
よみがえったのだ。
人はどう説明するかではない。
何をしたかだ。

拾七話

自転車泥棒

息子が誰の物だかわからないボロ自転車に乗って帰ってきたという。

駅前に以前からずっと放置してあったものらしい。

たしかに、町には物が溢れている。明らかに捨ててあるとしか思えない物もある。しかし息子のものではない。

尋ねると、友達と二人で乗ってきたという。

その子の家に電話した。二人でやったらしいことを話して、確認をとった。

えっ！本当ですか。うちの子が？

折り返し電話があった。「その通りらしいが、どうしたらいいだろう？」
「とにかくあった場所に返却させる」というと、うちの子も一緒にとのこと。
勝手な判断で他人の物を持ってきてはいけないと厳しく叱った。
自転車にはいろんな思い出がある。
以前、買物用のママチャリを盗まれたとき、妻は激怒していた。
そして買物の度に周辺のマーケットの駐輪場を見回って、とうとう見つけてきた。
すごい執念だと、家族みんなが驚いた。
当然よ！

ずっと前に見たドラマに、団地に暮らす家族のこんなエピソードがあった。

大型ゴミの日に出された、まだ乗れそうな子供用自転車を父親が見つける。

持ち帰って錆を落とし、油をさし、タイヤに空気を入れて乗れるように修理した。

子供は喜んでそれに乗っていた。

ところがそれを見て捨てた家の子供が、「僕の自転車だ！」と言い始める。

廃棄した物なのだから、泥棒よばわりは不当なのだが、何とも言えない雰囲気になる。

返して！

嫌だから！！

結局、元の持ち主に返したのだったと思うが、すっきりしない親子の気持ちがよくわかった。

そういえば昔、
わが家でも、
古自転車では
こんなことがあった。
息子が
新しい自転車を欲しがっていた。
みんな乗っているという。
子供用の小さくなった
自転車は持っていた。
大人用に乗るには
まだ背丈が足りない。
そうやナァ!
今買うと、
すぐまたちいさく
なってしまう。
しばらく
辛抱させようと
思っていた。
そんなとき、同僚から
子どもがもう乗ってない自転車あるよ
ありがたく
もらって帰ったが、
いかにもボロだった。

そこでペンキを塗ることにした。
細かい作業は面倒だったので、タイヤも何もかも全体に色を塗ってしまった。

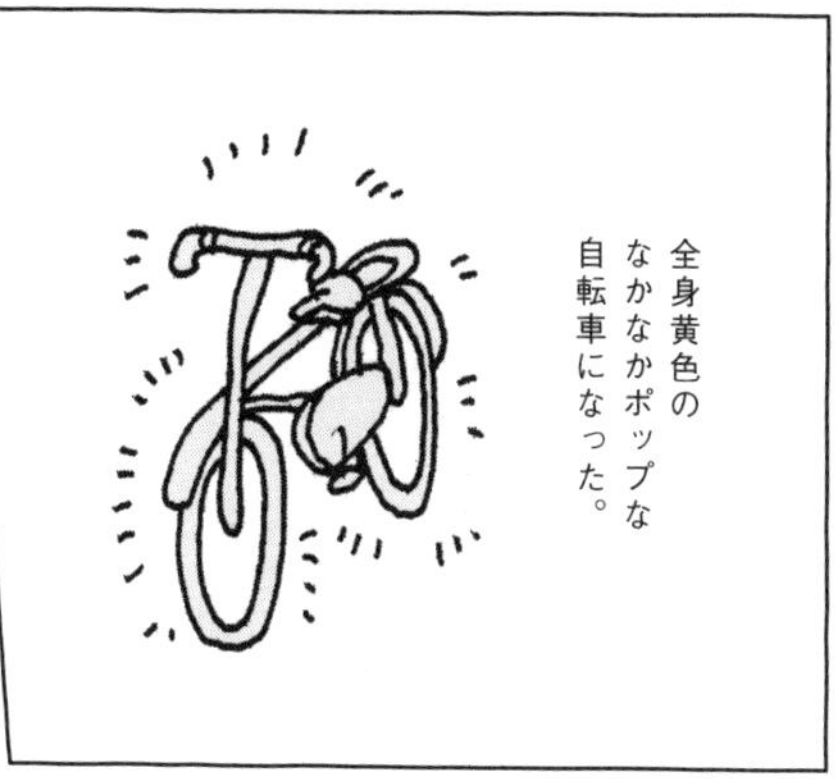
全身黄色のなかなかポップな自転車になった。

絶対まちがえられんぞ

しばらくして仕事の道すがら、車窓から息子たちのグループをみた。

みんな変速機のついた
サイクリング用子供自転車に
乗っていた。
乗ってないよ、
恥かしいんでしょ…
その後を、わが息子は
走っていた。

何だか切なくて、
次の日曜日に
買いにゆこうかと思った。

しかし、それで良いのか…
と思う気持ちもあった。
そして誰も乗らない
黄色い自転車のことを思った。
結論として、
あれが乗れなくなったら、
新しいのを買うことにした。

親子で自転車が
駄目になるのを待った。

物を買い与えるより、
与えないことが
難しい時代になった。

手に入らないことを
通じて学ぶ
貴重なことがあるのを
発見する機会が
手に入らないという、
奇妙な時代になった。

喜びも悲しみも、
満足も不満も、
みな子供を育てる。

そのどれもに
あふれた生活こそが、
人の心を鍛えるのだと思う。

拾八話

歩道で

次男が
有名私立高校を
受けたいと言いだした。

担任は
「受験はオリンピックではない。
参加することに意義はない」
と言った…とか。
進路

確かに公立受験前の
腕だめしなら、
可能性のあるところを
薦めるのが指導というものだろう。

しかし、次男はこだわった。
私は「自分の思うようにすればいい」
と言った。
ねるな

それまでにも増して、
次男なりに頑張ったのだと思う。
しかし、みんなも
受験勉強に頑張る時期に
さしかかっていた。
そう簡単に
結果が出ることはなかった。

受験日はすぐにやってきた。
がんばっといで！
発表は平日の朝十時に、
学内の掲示板に
貼り出されるらしい。
おそらく
ダメだろうと思っていた。
だから発表には
ついてゆこうと思った。
それまで私は、
運動会も、
参観日も、
出かけたことのない
父親だった。

児童相談の仕事に
自分が熱中していれば、
わが子のことは
それなりに報われるだろう
などと思っていた。
次男が初めて、
世間の評価にさらされる。
どんな子かは関係ない。
そういう結果が
知らされる時には、
一緒にいてやりたいと思ったのだ。
どうやった？テストの出来は？
まあまあできた

昔から
試験の「まぁまぁ」ほど、
当てにならないものはない。
本当にできる子は、
できた問題と
できなかったものを
区別して答えられる。
一応全部書いたなんて答案が、
合格することはない。

駅からの道、
ひょっとしたら
なんて思っているのだろう。

息子は早足になった。
私はひょっとなんて
しないものだと
思っているのだが、
それを見ていると、
ひょっとして…

なんて…
親バカである。

結果は不合格。
息子の受験番号前後は
五十番以上とんでいた。
一緒に受験した教室からは、
誰も合格しなかったのかもしれない。

18「歩道で」

帰路はバスで
市内に向かうことにした。
校庭沿いの歩道を、
バス停に向かって
歩き始めた。

その時、体育の授業なのだろう。
教師に付き添われて
ランニングしてくる集団が
前方に見えた。
すれ違うつもりで歩いていたら、
息子が道路を横断して
反対側の歩道に行った。
あわてて私もついて道路を横切った。

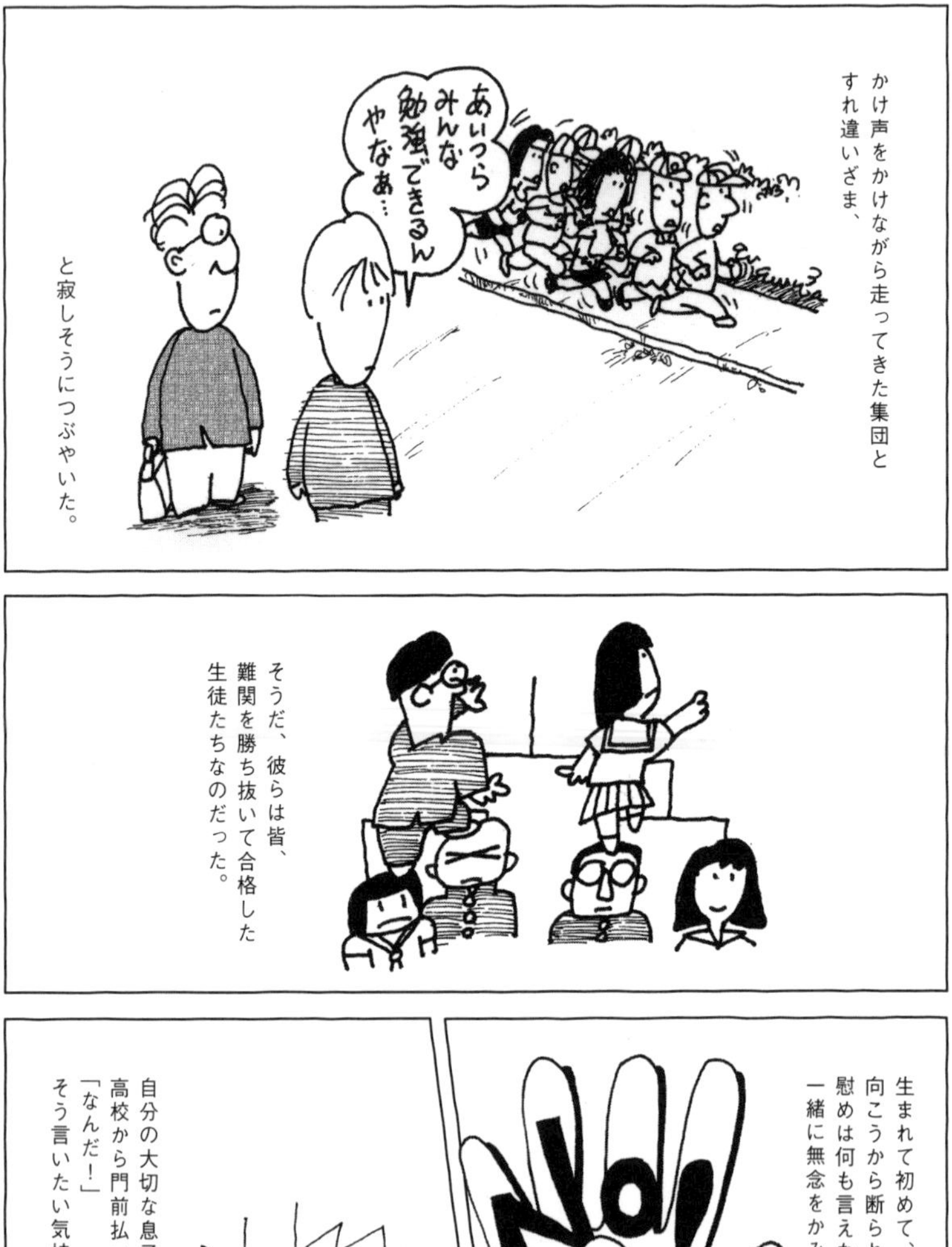
かけ声をかけながら走ってきた集団と
すれ違いざま、
あいつら
みんな
勉強できるん
やなあ…
と寂しそうにつぶやいた。
そうだ、彼らは皆、
難関を勝ち抜いて合格した
生徒たちなのだった。
生まれて初めて、
向こうから断られた直後のことだ。
慰めは何も言えなかった。
一緒に無念をかみしめた。
No!
自分の大切な息子が、
高校から門前払いを食った。
「なんだ！」
そう言いたい気持ちもあった。

そんな思いを胸に、
ただ黙って二人、
まだ春は遠い道を歩いた。

その後息子は、
地元の公立志望校に入った。
よほど悔しかったのか三年後、
付属高校本体の大学を受験して
合格した。
リベンジを果たした
のかもしれない。

しかし私には
そのことより、
あの発表について行ってやれたことが、
一生の思い出になっている。

結果が良かったときは
誰と一緒でもいい。
しかし、思わしくなかった時には、
そっと一人にしておいてもらいたい
と思うだろう。

でもその一人が、
ほんとうに孤独な一人だったら、
それも寂しいだろう。
十五歳になったばかりの息子に
あの時、
黙って一緒に居てやれた
父親だったことを幸運に思う。

拾九話

雪道

そこそこ
積雪のある地域で
十年あまり、
一家五人で
暮らしていた。
ある朝、目覚めると、
昨晩は思いもしなかった
一面の銀世界だった。
その日は皆で、
妻の実家に
出かける予定をしていた。
当時、
我が家は、
夫婦それぞれの
実家が
都市部にある
暮らしだった。
福知山市
大阪
高槻市
京都市
もっと遠いよ!
マンガや…
盆暮れは、
超満員の列車を
横目で見ながら、
逆方向に
帰省していた。

私は車の運転をしない主義だったので、当時我が家に車はなかった。
今もやん
免許証返納の心配要らず!!
歩くか、必要な時はタクシーだった。
この朝も、そんなつもりだったが、除雪を待たないと車の移動も難しい状況だった。
しかしこんな朝、タクシーは動いていない。
線路沿いの我が家から列車が見えたので、駅まで歩くことにした。
おっJR動いてるな…

19「雪道」

小降りにはなっていたが
雪模様だった。
小学生の兄弟と
生まれたばかりの
娘に厚着をさせた。
幹線道路の除雪は
急ピッチで進んでいた。
玄関を出ると、
膝上まで埋まってしまう
積雪だった。

家の前の脇道から
駅までの道路に出た。
車幅ギリギリに除雪された道。
当時、歩道は
大雪のままだった。
それどころか、
除雪車の跳ね上げた雪で
山になっていた。
その車道を
妻が赤ん坊を抱いて
私と息子達は
荷物を抱えて歩き始めた。

そんな道だが
車はやって来る。
車道を歩いている私達は
車が来るたびに
うずたかく積もった歩道に倒れこんで
やり過ごすことになる。
雪の朝は静かだ。
そこに車の
チェーン音がすると
雪の山に倒れ込む。
またか！

「どうして家には車がないの？」

子どもに聞かれたら、
私は怒ってしまったのでは
ないかと思う。

でも、誰も
そんなことは言わなかった。

ただ黙々と
何度も歩道に倒れ込みながら
駅までの道を歩いた。

家族はどんな時に
自分たちを
家族だなぁと思うのだろう。
そんなことを考えるといつも、
私はこの日のことを
思い出す。
考えたことないなー
そしてちょっと涙が出そうになる。
妻はどう思って
娘を抱えて
歩いていただろう。
私はあんな風に
家族になっていったなぁと、
今も時々思う。

弐拾話

さぁ、もういっぺん

運痴である。
野球がからっきし
駄目だったので
そう思った。
パックパック
アー
音痴である。
小学校の通信簿、
音楽だけが汚点だった。
でもそれは
野球が苦手なだけであることは、
バレーボールや
スキーをするようになって分かった。
カラオケと出会って
歌うのが好きなものも分かった。
しかしなんとなく、
潜在意識に
運動の苦手感は残っている。
サッカークラブ入ってん
コボレタ…
俺の子やからな~
と思った。

といっても団地の寄せ集めチーム。
コーチが子どもにとってはいい人だった。
熱中できるものを与えてくれた人に感謝である。
いってきまーす
今日、試合するねん
行けたらちょっと行くわ
ちょっと見てくるわ
期待しないで…
気恥ずかしさもあって、少し遠くの土手から見ていた。
ところがそこで、息子のコロコロシュートがゴールに入るのを見た。

すごく興奮した。スポーツ選手の親はこんな気持ちなのかと思った。
そんな時、クラブチームのロゴ・マークを考えて欲しいと頼まれた。ふたつ返事で引き受けた。
上手な子も入ってきて、だんだん本格化した。
息子の出番は少なくなっていった。

家では
サッカーの話を
あまりしなくなった。

ボブ・グリーンの
コラムに

凄くがんばっているのに、
レギュラーには
選ばれない
野球選手の息子を
見守る父親の話がある。

「いずれ息子も
人には努力だけでは
如何ともしがたいものが
あることを
知らねばならない日が、
きただろう。

しかし、それはまだ
早すぎたのではないか…」
父親はそうつぶやく。

私の描いた
ロゴ・マークの旗だけが
揺れ続けた。

ベンチで応援する
息子のことを考えながら、

親が子どものすることを
見つめる
眼差しを思った。

メジャーで活躍する
ダルビッシュや
大谷の両親のような親になれるのは

ホンの一握りである。

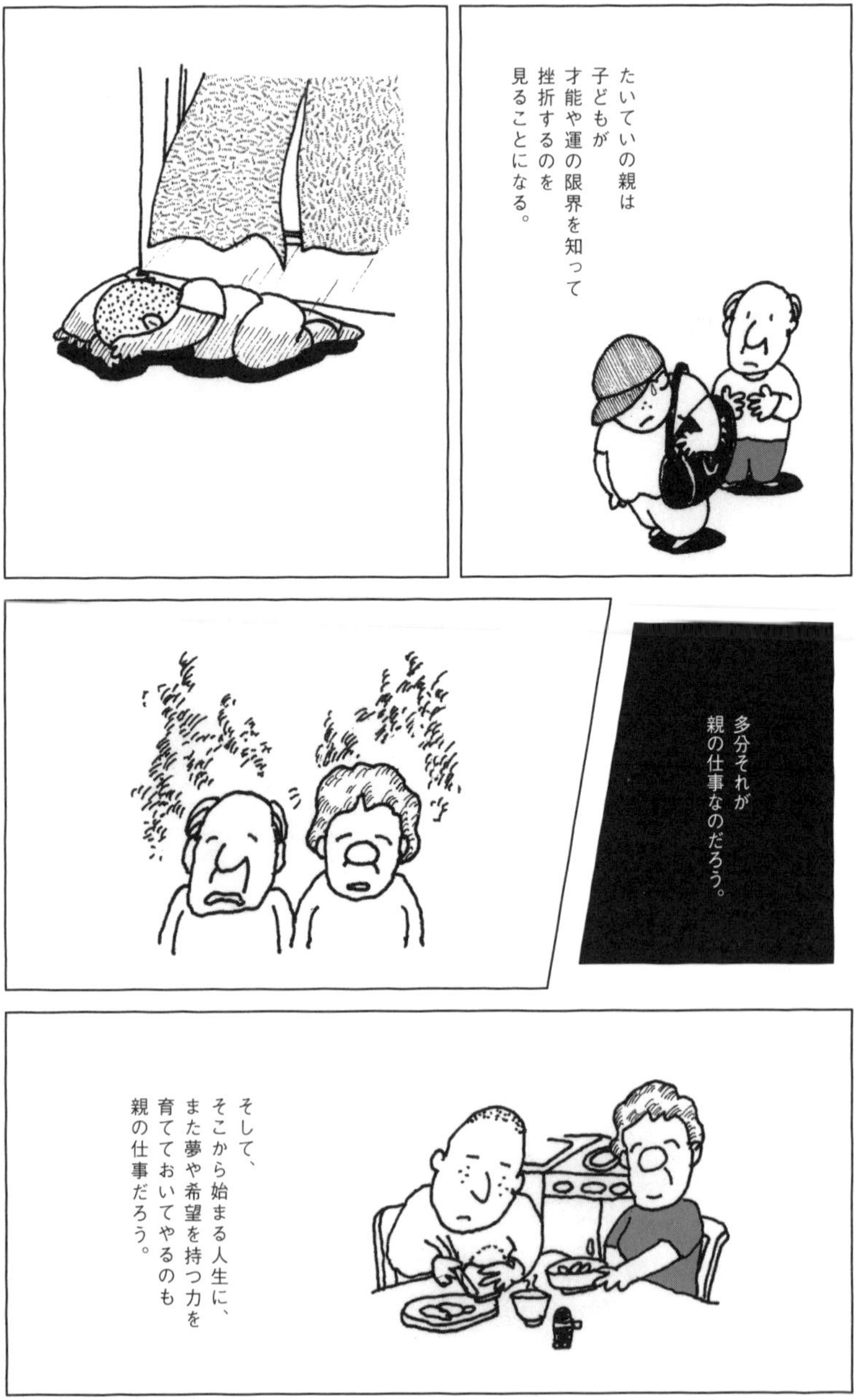
たいていの親は子どもが才能や運の限界を知って挫折するのを見ることになる。
多分それが親の仕事なのだろう。
そして、そこから始まる人生に、また夢や希望を持つ力を育てておいてやるのも親の仕事だろう。

親にとって
わが子だけは、
何度もチャンスを持った
特別な存在である。

そういう
眼差しの下でみんな、
自分なりの
何ものかに
なっていったのだと思う。

Jリーグを見ながら
今も時々思う。
一番のシュートは
なんたってあれだ。

そして
あれを見ることが出来たことで、
私が親であることは
十分、報われているのだと思う。

あとがき

子どもを新しい世界に送り出す。
子育てにおいて、何度か繰り返さなければならない親の仕事です。
その中で小学校入学は最初の大きな送り出しでしょう。
この時、不安で心配なのは、初めて経験する新米親の方です。
ここにあるのは親である大人の課題です。

子どもの目に映るのは、一歩進み始めたらどんどん変わっていく景色です。
これまでは登場しなかった物や人で世界は溢れています。
驚いたり、楽しんだり、上手くいくことも、いかないことも興奮です。
要らない手出しをしなければ、早々に舞い戻ってきたりはしません。
今からたくさんのドキドキが待ち受けているのですから。

ところが、送り出した側はそうではありません。

上手くやれるだろうか、いじめられないだろうか？
お友達は出来るだろうか、皆と同じようにやれるだろうか…
考えても仕方のない不安が次々わいてきます。

この時期を親としてしっかりクリアしておかないと、
ここでの経験が心配の仕方の癖になります。

レギュラーから外れたと聞かされた対外試合の朝。
我を張って決めた志望校入試の前夜。
クラスメイトと上手くいかないとつぶやくのを聞いた夜中。
入社早々、上司の厳しさにこころが折れそうだともらした出勤の玄関。
「無理しなくていいよ」と言いたくなるのは、「親」ではなく「あなた」です。

どんな事情があっても、精一杯の工夫をして送り出してやる方が、
未来は明るいと思います。
それが「親」の仕事です。
その第一歩が今日だと思って、朝を迎えて下さい。

団 士郎（だん・しろう）

1947年京都府生まれ。公立児童相談機関、障害者相談機関の心理職25年を経て、98年に独立。

「仕事場D・A・N」主宰。立命館大学大学院客員教授を務めるほか、全国で家族療法のワークショップや講演会を実施。「家族心理臨床」の訓練トレーナー。Web版対人援助学マガジン編集長。日本漫画家協会会員。2000年より本書の元となった「木陰の物語」を毎月一話描き続けており、「家族の練習問題－木陰の物語－」（ホンブロック）としても発刊されている。

公式H.P. https://www.shiro-san.com/

本書を手にとっていただきありがとうございます。

物語の感想や感じたことを投稿して思いをシェアするサイトを開設しました。

感想などございましたらお寄せください。

“木陰の物語” 広がる！プロジェクト　https://honblock.net/kokage

わが子が小学校に上がる前に読みたい『木陰の物語』

2021年 3月14日発行

著者　団士郎
装丁　薬師寺陽介
選者　やまさき薫、濱口さえこ
編集　南木威範、南木みなみ
発行人　団遊
発行所　ホンブロック
〒162-0064
東京都新宿区市谷仲之町2-10 合羽坂テラス4号室 アソブロック内
info@honblock.net
https://honblock.net/

印刷・製本
シナノ書籍印刷株式会社

ISBN978-4-908415-02-9 C0037 ¥1500